180 graus

Cristina Girardi Schatzmann

180 graus

Cozinhar é fácil. Demonstrar amor também.

Publicações Pão Diário

Suave começo
10

Simplicidade do pão
22

Fáceis surpresas
28

Delícias de forno e fogão
34

Doces momentos
44

Gratidão

Ao meu Mestre Jesus. Tudo o que o Senhor faz e fez, quero eu fazer também. Ao Senhor, o Criador de todas as cores, perfumes, temperos e sabores, meu agradecimento e louvor.

Ao meu marido Fernando. Amo ver sua carinha de satisfeito depois de nossas refeições. Também adoro quando você cozinha pra mim. Obrigada por sonhar comigo. Obrigada pelas fotos deste livro que ficaram tão lindas! Obrigada por estar sempre ao meu lado.

À minha querida mãe Sílvia. Sua delicadeza e talento na cozinha me inspiram demais. Obrigada por brincar de panelinha comigo um dia, por me ensinar que existem facas, garfos e colheres dentro das sementinhas do caqui. Obrigada por ser a melhor mãe do mundo, por ser minha melhor amiga e por me fazer tão feliz.

Ao meu pai Aristides. Que pessoa nesse mundo pode ficar tão feliz escolhendo frutas na feira? Tenho dó de mexer em uma cesta com frutas escolhidas por você! Jamais esquecerei as comidinhas de avião que você trazia pra mim quando voltava de viagem, do café que você me servia na cama e que me presenteava, e ainda presenteia, com as tais maravilhosas cestas de frutas quando estou doente. Você me ensinou a enxergar o melhor em mim.

Aos meus irmãos Júlio e Leonardo. Vocês são meus heróis! Sobreviveram depois de tantos ovos fritos e saladas de cenouras raladas preparadas por mim, a irmã mais velha. O Senhor ouviu o clamor de vocês: aprendi a cozinhar! Meus amores, vocês foram minhas cobaias! Obrigada por superarem esse "trauma", por me fazerem rir tanto e me sentir tão privilegiada em tê-los como irmãos.

Aos meus familiares e amigos. Cozinhar é demonstração de amor. Quando cozinhei para vocês e vocês cozinharam pra mim, eu os amei demais!

Apresentação

Eu não gostava de cozinhar. Um pesadelo cada vez que entrava na cozinha. Em dias sem muita inspiração, acontecia algo queimado ou cru. Filha, neta, sobrinha, prima, nora e amiga de cozinheiras de mão-cheia, minha realidade era de desanimar! Pobre do meu marido!

Até que um dia de manhã, me ajoelhei aos prantos, e no meu caderno de devocionais escrevi uma oração: "Querido Deus, eu preciso de um milagre. Ajude-me a gostar de cozinhar e acertar minhas receitas...".

E porque Deus se preocupa com os detalhes das vidas de Seus filhos desesperados, o milagre aconteceu. Jesus me ensinou que cozinhar poderia ser algo simples, rápido e ao mesmo tempo delicioso. Ele me ensinou que cozinhar para minha família e amigos poderia ser uma linda demonstração de amor e glorificaria a Deus, assim como Ele fazia quando cozinhava.

Sim! Ele cozinhava! Tudo bem, Ele era carpinteiro, eu sei...

Mas Meu Mestre bem sabia grelhar um peixinho à beira-mar. Preparava refeições para mais de cinco mil pessoas, agradando o paladar de homens, mulheres e crianças. Afirmou que se fôssemos como sal, poderíamos dar sabor ao mundo!

O plano que Ele tinha para mim não era me transformar em renomada *chef* de cozinha, mas me transformar em alguém que amasse e servisse meu próximo, assim como Ele o fez.

Desde então, convidei Jesus pra entrar comigo na minha cozinha todos os dias. Convide-o para entrar em sua cozinha e em cada detalhe de sua vida também!

Aqui será proibido fritar, usar batedeira, panela de pressão e outras coisas mais complicadas. Nem nada demorado também. Meu desejo é que por meio deste livro, você saiba o quanto Deus nos amou quando ainda éramos pecadores e estávamos "fritos" em nossos delitos e pecados (EFÉSIOS 2:5), nos deu uma nova vida por intermédio de Jesus, o *Pão da Vida* (JOÃO 6:48) e nos aguarda para um delicioso e eterno banquete à Sua mesa (APOCALIPSE 19:17).

Gostaria de dividir com você os "milagres" que saem do meu fogão e mensagens inspiradas por medidores, ovos e liquidificador. Gostaria de despertar em você o desejo de se encontrar com Jesus todos os dias, mesmo que em sua cozinha; beber e comer o que vem de sua Palavra e servir deliciosos pratos, aguardando o incrível e divino momento quando alguém prova sua comida, solta o garfo e saboreia, saboreia...

...fechando os olhos, como em uma oração.

Cristina Girardi Schatzmann

SALADA CAPRESI NO PALITO

SALADA GORGONZOLA, MAÇÃ E NOZES

SOPA DE ERVILHAS

SOPA PARA PRESENTE

BATATAS E MORTADELA

Amigos

*Ninguém tem maior amor
do que aquele que dá a sua vida pelos seus amigos.*
—JOÃO 15:13 (NVI)

Como é divertido cozinhar junto com alguém! Simples e delicioso é ter amigos. Amigos verdadeiros, daqueles que o amam e dariam a vida por você.

Às vezes, a vida não é fácil como receitas no palito. Então sentamos e choramos, sem ninguém pra conversar. Criamos expectativas e acabamos nos decepcionando com algumas pessoas; uma "palitada" no coração. Alguns confiam em você e lhe contam tanto, mas na sua vez de falar, a conversa acaba. Outros desaparecem com o tempo e poucos são os que restam. Valiosos demais, mas poucos.

Jesus, o *Amigo Melhor*, deseja todos os dias nos encontrar. É incrível como alguém infinito, tão grandioso, ama e se importa tanto com alguém pequeno como eu e você. *"Ninguém tem maior amor do que aquele que dá a sua vida pelos seus amigos."*

SALADA CAPRESI NO PALITO

- Tomates-cereja cortados ao meio
- Muçarela de búfala ou queijo branco cortado em cubos
- Azeitonas sem caroço
- Folhas de manjericão fresco

Espete os ingredientes no palito nessa ordem: folha de manjericão, azeitona, queijo e o tomate. Organize os palitos de salada sobre um prato bem bonito e regue com azeite de oliva.

Agradeça ao Senhor por Ele estar sempre por perto.
Ore pelos seus amigos.

Nós somos demais!

Nós amamos porque ele nos amou primeiro.
—1 JOÃO 4:19 (NVI)

Eu sou demais! Eu sou linda! E minhas saladinhas são de arrasar! Como poderia ser diferente? Eu me amo porque Ele me amou primeiro. Ele me amou muito. E porque Ele me ama, eu consigo amar outros e cada detalhe da vida que Ele me deu. Posso amar cada pedacinho meu. Deus me ama e me chama de filha!

Ah… E como eu o amo também! Essa verdade me traz das trevas para Sua luz, onde posso enxergar o quanto Ele caprichou quando me fez. Mas Jesus, *Luz do Mundo*, ama você também e ser linda não é só um privilégio meu. Você e eu recebemos imerecido amor. Não somos perfeitos porque nossa natureza de pecado insiste em estragar tudo. Simplesmente aceitemos Seu amor de presente. E quem não se sentiria linda por ser tão amada pela pessoa mais importante do Universo, hein?

SALADA DE MAÇÃ, GORGONZOLA E NOZES

- Mix de folhas verdes
- 1 maçã verde fatiada
- 1 xícara de queijo gorgonzola em cubos
- 1 xícara de nozes

Misture todos os ingredientes às folhas verdes e sirva.
A combinação maçã verde + gorgonzola + nozes é perfeita!

Agradeça ao Senhor por quem você é.
Agradeça porque Ele está contigo sempre.

Fim do mês

> *...e sejam agradecidos a Deus em todas as ocasiões.*
> *Isso é o que Deus quer de vocês por estarem unidos com Cristo Jesus.*
> —1 TESSALONICENSES 5:18 (NTLH)

Imagine esta cena: fim do mês e você chega em casa cansada de tanto trabalho, já é tarde e a fome está acabando com você. Ao abrir a geladeira, nada do que resta lá dentro está interessante. Nem o hambúrguer, nem a garrafa de água e nem aquela cenoura que um dia já foi linda. Você abre o armário de mantimentos, e lá está sua última opção: a lata de ervilhas...

Em tudo dai graças!

SOPA DE ERVILHAS

- 1 lata de ervilhas
- 1 lata de água (use a lata da ervilha pra medir)
- 1 batata cozida (opcional)
- 150 g de bacon picadinho ou linguicinha
- 2 dentes de alho picados
- Cheiro-verde ou ervas, sal e pimenta

Escorra, lave e coloque as ervilhas junto com a batata cozida no liquidificador. Acrescente a água e bata tudo. Em uma panela, coloque o alho e o bacon e refogue. Coloque o conteúdo do liquidificador na panela e acrescente sal e pimenta a gosto.

Deixe cozinhar em fogo baixo por aproximadamente 15 minutos. Sirva com cheiro-verde, azeite de oliva e torradinhas!

Agradeça ao Senhor pela provisão de todos os dias.

Especial

> *Mas temos esse tesouro em vasos de barro,*
> *para mostrar que o poder que a tudo excede provém de Deus, e não de nós.*
> —2 CORÍNTIOS 4:7 (NVI)

Cães e porcos saem durante a noite à caça de fungos escondidos nas raízes de carvalhos. Esses fungos são chamados de *trufas*, um dos ingredientes mais preciosos da culinária. O ganso é alimentado várias vezes ao dia através de um funil que alcança seu estômago. O seu fígado fica inchado e gorduroso e, então, o pobrezinho morre. Eis o luxuoso *foie gras*. Assim também acontece com o escargot, com o café civeta, o caviar, o açafrão e tantas outras iguarias: aparentemente desinteressantes mas surpreendentemente valorosas. Entre lesmas e mofos, os melhores chefs criam seus melhores pratos. O que poderia ser lixo é servido em porcelanas, pratarias e cristais.

E se todas estas coisas tem tanto valor, quanto mais nós que poderíamos estar esquecidos em nossos pecados. O Senhor olhou para nós, nos amou, nos resgatou e nos deu valor. Por meio de Jesus, podemos nos sentar com Ele nos lugares celestiais e nos tornamos seus filhos.

Somos aparentemente desinteressantes como vasos de barro, mas na verdade, surpreendentemente amados pelo Pai e Seu Espírito habita em nós.

SOPA PARA PRESENTE

- 1 jarro de vidro
- 2 cubos de caldo de legumes
- Lentilhas e outros diferentes grãos

Disponha como quiser os grãos em um jarro e antes de fechá-lo, acrescente o cubo de caldo ainda embalado. Feche o jarro e decore. Oriente a pessoa presenteada a cozinhar os grãos em água até ficarem macios e a acrescentar o cubo de caldo no final do cozimento.

Agradeça ao Senhor pelo privilégio de tê-lo
como o maior tesouro do seu coração.

Intercalando amor e graça

> *"Certamente, a palavra da cruz é loucura para os que se perdem,
> mas para nós, que somos salvos, poder de Deus."*
> —1 CORÍNTIOS 1:18

Para alguns, relíquia mofada de uma filosofia que passou. Para outros, nada. Ou amuleto, bijuteria, tatuagem. Para muitos, comércio. Para outros, algo pra se desenhar entre testa, peito e ombros quando necessário. Perda e dor. Dilema entre vazia e preenchida com um deus morto. Culpa, tristeza, vergonha, castigo e dor.

A cruz é mensageira de uma grande notícia: que eu a merecia, mas Jesus, o *Deus Conosco*, me livrou dela. A cruz causa um estrago no meu ego, no meu egoísmo. Ela desempina meu nariz e mostra minha condição miserável e frágil. Jesus, naquela cruz, pergunta a Deus Pai: "Por que me virou as costas?" E eis a prova: naquele momento, Jesus carregava meu pecado nojento. Deus virou o rosto porque não conseguiu assistir à pior cena que já existiu. O próprio Deus pagando por algo que nunca conseguiríamos pagar.

Amor, graça, amor, graça, amor, graça… A cruz simboliza fatias intercaladas de amor e graça. Pense um pouco sobre a cruz.

FATIAS DE BATATAS E MORTADELA

- Fatias de mortadela e de batatas cozidas
- Molho branco
- Queijo parmesão ralado
- Sal e pimenta

Numa travessa, intercale fatias de batata e mortadela. Regue com uma boa quantidade de molho branco. Tempere com sal e pimenta. Regue com um pouco de azeite de oliva e polvilhe o queijo ralado. Leve ao forno médio até gratinar.

*Agradeça a Deus pelo sacrifício de Jesus na cruz.
Pela cruz recebemos vida, amor e graça.*

PÃO COM OVO

PÃO DE QUEIJO

Simplicidade do pão

> *"Não adianta trabalhar demais para ganhar o pão, levantando cedo e deitando tarde, pois é Deus quem dá o sustento aos que ele ama, mesmo quando estão dormindo."*
> —SALMO 127:2 (NTLH)

A grande verdade é que sem Ele não somos nada e não temos nada. Insatisfeitos, corremos todos os dias atrás de mais, mais e mais, como se pão com ovo não trouxesse felicidade. Ainda pensamos que podemos nos sustentar e sustentar tudo aquilo que queremos e não precisamos.

Jesus disse que feliz é aquele que tem fome e sede do Deus justo. E então, seremos fartos. Quando entendemos que tudo vem dele, não reclamamos nos dias difíceis, mas o agradecemos pelo que temos. Porque veio dele. O Deus que faz abundar o leite e o mel é o mesmo Deus do maná no deserto. Quando conhecemos esse Deus, se não temos mais cobertura de chocolate para o sorvete ou cogumelos para o strogonoff, pouco importa. Tudo bem se neste mês não pudermos jantar fora. Tudo bem se no cinema não tivermos dinheiro também para a pipoca. Tudo bem! E tudo que parece simples e pouco se multiplica nas mãos de um Deus Supridor, que quer nos ensinar que vida abundante não se encontra nos melhores restaurantes...

PÃO COM OVO

- 1 ou 2 fatias de pão
- 1 ovo
- Bacon e queijo ralado
- Sal e pimenta
- Manteiga
- Cheiro-verde

Pré-aqueça o forno. Passe manteiga nos dois lados do pão e coloque numa forma. Com um cortador de qualquer formato, faça um furo bem no meio da fatia. Coloque o ovo ainda cru no furo do pão e tempere com sal e pimenta; jogue por cima o queijo e o bacon. Coloque no forno por volta de 10 minutos ou até dourar (temperatura baixa). Decore com cheiro-verde e sirva quentinho! Ótimo pra começar o dia!

Agradeça pela fidelidade do Senhor que sempre o presenteia com mais do que o suficiente. Busque satisfação em Sua presença.

Num passe de micro-ondas

"E assim, depois de esperar com paciência, obteve [...] a promessa."
—HEBREUS 6:15

Seria incrível se algumas coisas na vida fossem resolvidas num "passe de micro-ondas". Não precisaríamos esperar! Se a cura chegasse agora, se alguém batesse à porta com um pedido de casamento agora, se o dia do pagamento fosse amanhã de manhã... seria mais fácil. Muitas crises de choro e de pânico simplesmente não existiriam. Todas as noites seriam bem dormidas e ninguém ganharia quilinhos extras de tanta ansiedade. Não haveria gastrites, palpitações, falta de ar, dentes rangendo e frio na barriga. Todos seriam felizes. Será?

Esperar nos faz nos aproximarmos do *Grande Oleiro*. Esperar nos enche de forças pra cerrar os punhos e continuar lutando. O esperar nos dá convicção. No esperar, a paixão se torna amor, tantas coisas se tornam esperança e o não poder enxergar o fim da história se torna fé. Obedecer a Jesus sabendo que não devemos andar ansiosos e confiar a Ele nosso esperar não é fácil. Mas quando o que você espera no Senhor chegar, só você, ninguém mais, poderá degustar a doce alegria da recompensa! Se esperássemos somente nele, aí sim seríamos felizes.

Mas na cozinha pode ser diferente. Prepare o forno de micro-ondas! Essa receita também pode ser assada no forno convencional.

PÃO DE QUEIJO DE CANECA

- 1 ovo
- 4 colheres (sopa) de leite
- 3 colheres (sopa) de óleo
- 1 pitada de sal
- 4 colheres (sopa) de queijo parmesão ralado
- 4 colheres (sopa) de polvilho azedo
- 1 colher (café) de fermento em pó

Bata todos os ingredientes no liquidificador, unte a caneca com margarina, coloque esta mistura até a metade da caneca e leve no micro-ondas por 3 minutos em potência média. Retire e polvilhe o queijo parmesão para decorar. Simples assim. Rendimento: 4 canecas

Agradeça ao Senhor pelo aprendizado no tempo da espera.
Confie nele. O resto Ele fará.

RISOTO COM UM TOQUE DE LARANJA

ESPAGUETE À CARBONARA

Fáceis surpresas

Só um toque

Jesus, profundamente compadecido, estendeu a mão, tocou-o e disse-lhe: Quero, fica limpo! —MARCOS 1:41

Quando recebeu o diagnóstico e o convite para se retirar da cidade, o leproso não recebeu abraços de adeus. Seus filhos choravam porque não poderiam mais brincar com o papai. Sua esposa estava desesperada por não poder mais beijar seu amado. Os anos se passaram e tudo mudou na vida daquele homem quando Jesus apareceu e o tocou.

Foi esse toque que me socorreu quando ouvi a notícia que o câncer tinha desafiado minha mãe. Foi esse toque que me sustentou quando pensei em desistir de tudo, de todos e de mim mesma. Foi esse toque que calou minha boca, me segurou e me convenceu a esperar pela justiça de Deus, enquanto a raiva tomava conta de mim. Foi esse toque que me pegou pelo queixo e levantou meu rosto, quando envergonhada, reconheci que errei. Senti esse toque no meu ombro enquanto o médico explicava o que era endometriose e o que ela podia fazer. Esse toque supriu tudo e me motivou a continuar muitas vezes. Esse toque existe. Eu já experimentei.

RISOTO COM UM TOQUE DE LARANJA

- 1 xícara de arroz arbóreo
- 1 litro de água
- 1 laranja
- 1 xícara de vinho branco seco
- 1/2 xícara de queijo parmesão ralado
- Raspas de laranja
- Alho, cebola, sal e pimenta
- 1 colher (sopa) de manteiga

Descasque a laranja e ferva a casca em 1 litro de água. Em outra panela, refogue a cebola e o alho. Acrescente o arroz e misture bem. Regue com o vinho e vá mexendo até evaporar. Abaixe o fogo e acrescente 1 concha do caldo de laranja, misturando de vez em quando, até o caldo secar. Vá acrescentando o caldo aos poucos e deixando secar durante 15 minutos. Adicione o sal, a pimenta e as raspas de laranja a gosto. Misture a manteiga e o queijo até ficar bem cremoso. Bom apetite!

Rendimento: 2 porções

Clame pelo poderoso toque de Jesus em sua vida e na vida daqueles que você ama.

A dor da noite

Não andem ansiosos por coisa alguma, mas em tudo, pela oração e súplicas, e com ação de graças, apresentem seus pedidos a Deus. —FILIPENSES 4:6 (NVI)

Nos sentimos com mãos amarradas quando enfrentamos angústia e dor. Mas se tivéssemos a consciência absoluta, em nossa alma, de que não podemos resolver o que só Deus pode fazer, amarraríamos nossas próprias mãos e permaneceríamos em silêncio, sem proferir a Ele uma sugestão sequer. O sol se esconde e a noite chega rasgando o coração. Mais um dia se foi com suas chances. As preocupações com o futuro e as lamentações do passado passam a noite conosco, deitadas em nosso travesseiro, roncando alto e não nos deixando dormir.

Se confiássemos incondicionalmente a Deus cada passo e transformássemos cada minuto do nosso dia em canções de agradecimento, à noite estaríamos *exaustos* de tanta tranquilidade e dormiríamos pesado, e seria a nossa vez de roncar. Não é lindo o dia de hoje se chamar "presente"?

Não há nada mais doce que ouvir a voz do Cristo dizendo que sabe o que é dor e que estará conosco sempre. Entregue seu caminho a Jesus e deixe rolar...

ESPAGUETE A CARBONARA

- 200g de espaguete
- 1 ovo
- 1 caixinha de creme de leite
- Queijo parmesão ralado
- Sal e pimenta
- Fatias de bacon

Ferva 2 litros de água e coloque o espaguete para cozinhar de acordo com as instruções do fabricante. Frite tiras de bacon por alguns minutos. Escorra o macarrão e volte para a mesma panela. Coloque o creme de leite, o ovo e o parmesão e tempere com sal e pimenta. Mexa bem e sirva. Decore com o bacon. Delicioso!

Entregue sua dor a Jesus.
Agradeça pelo dom da vida e pelo doce cuidado de Suas mãos.

MIGNON, VINHO E CANELA

FRANGO CROCANTE PERFEITO PARA RECÉM-CASADOS

PEIXE ASSADO

SALMÃO, ALHO-PORÓ E DAMASCO

Delícias de forno e fogão

Maravilhoso amor

Eu estou dizendo isso para que a minha alegria esteja em vocês e a alegria de vocês seja completa. —JOÃO 15:11 (NTLH)

Ah! Se você tivesse visto o sol se pôr como acabei de ver aqui da minha janela... Foi lindo demais! A cada dia Deus prepara momentos incríveis assim, como maravilhosos banquetes em Sua presença. Apesar de enfrentar grandes batalhas todos os dias, com Jesus tudo faz sentido, mesmo que a escuridão já esteja chegando. Ele nos lembra de que somos tão pequenos diante de sua grandeza e esplendor quando nos compara com ramos ligados a Ele, a *Videira Verdadeira*.

Sem Ele, nada podemos fazer. Sem Ele, não acordaremos amanhã para ver o sol nascendo novamente. Sem Ele, não teríamos paz, não conheceríamos o amor, nosso trabalho seria em vão e nossos passos continuariam perdidos. Quando estamos unidos a Ele, Sua Palavra está em nós e sentimos o Seu amor também correndo em nossas veias, transformando nossa maneira de pensar e agir, moldando nosso caráter e fortalecendo nossa fé. E é tanto amor que não conseguimos guardar só para nós: desejamos oferecê-lo. E amamos mais.

"Se obedecerem meus mandamentos, vocês continuarão no meu amor...". Se continuarmos firmes na Videira, assistiremos sempre de camarote o espetáculo dos raios do seu amor invadindo nossa vida e aquecendo nosso coração.

MIGNON, VINHO E CANELA

- 4 medalhões de mignon
- 1 taça de vinho tinto seco
- Canela em pó
- Sal e pimenta a gosto

Tempere as fatias de mignon com sal e pimenta e reserve. Coloque um fiozinho de azeite em uma frigideira bem quente, posicione as fatias de carne e deixe dourar por aproximadamente 3 minutos. Vire-os e deixe dourar o outro lado. Retire o mignon da frigideira e reserve. Na mesma frigideira coloque o vinho e uma colher de sopa de canela. Deixe ferver por alguns minutinhos até surgir um molho cremoso. Regue o mignon com o molho e sirva!

Eu o louvo, Senhor, porque mesmo sendo um Deus tão grande, o Senhor me ama e se importa comigo! Agradeça-o pelo seu confortante cuidado.

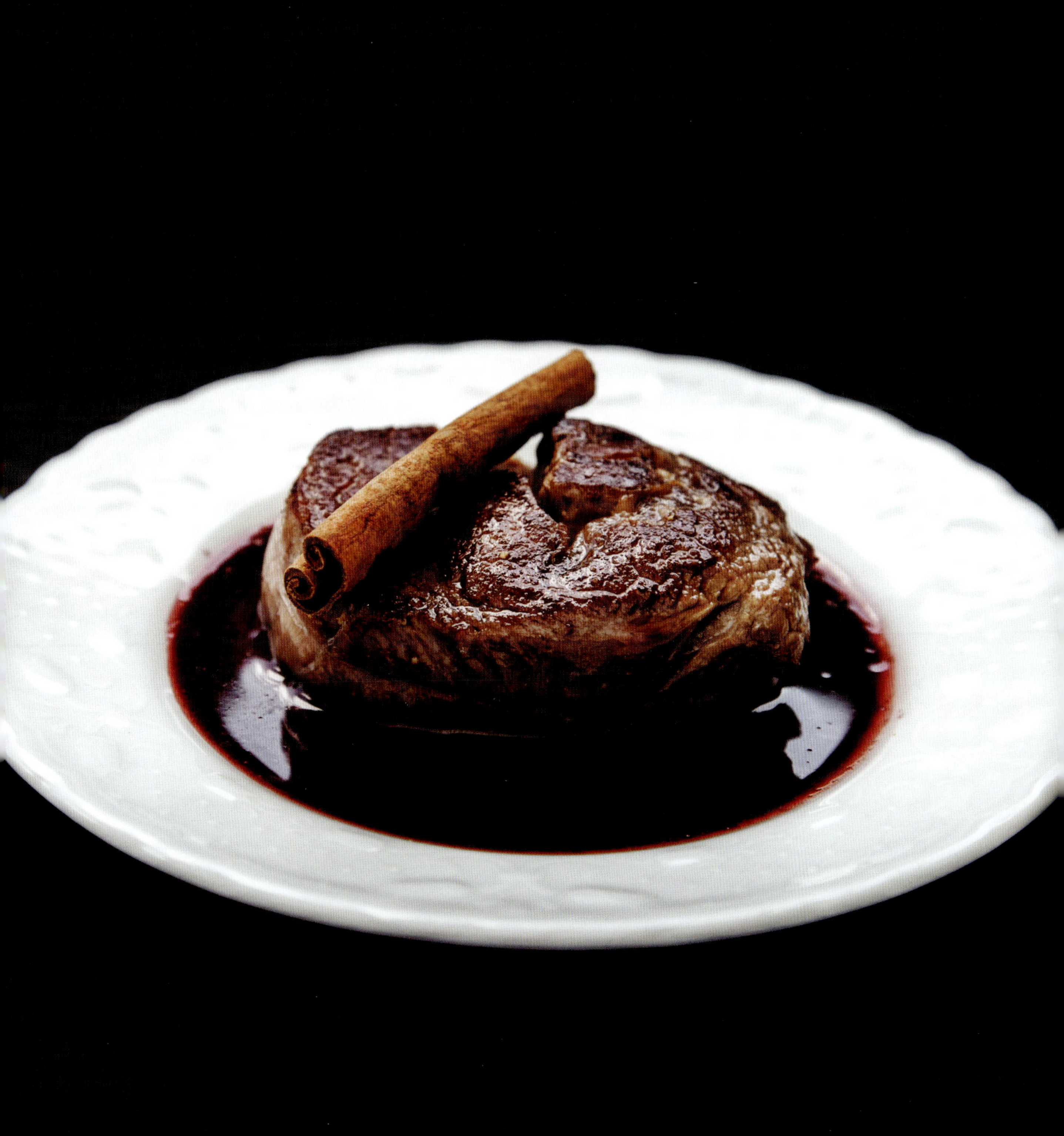

Casamento é uma delícia!

...mas, como está escrito: Nem olhos viram, nem ouvidos ouviram, nem jamais penetrou em coração humano o que Deus tem preparado para aqueles que o amam.
—1 CORÍNTIOS 2:9

Há anos me casei com o melhor marido do mundo. Já passamos por muitas coisas juntos... Muitas coisas mesmo! Tudo muito intenso e profundo. Momentos de alegria inexplicáveis, presentes de Deus inesperáveis. Momentos difíceis também, sentindo que não aguentaríamos mais. Mas aguentamos. E ficamos fortes.

Como é bom casar! Dormir juntos, acordar juntos... Abrir todos os presentes de casamento e colocar todas as coisas novas nas prateleiras. Admirar o marido pendurando as persianas e instalando os cabos da TV. Rasgar aquele plástico imenso do colchão e arrumar a cama com o jogo de lençol mais bonito do enxoval. Deixar queimar o arroz pela primeira vez! A primeira conta de luz, a primeira vez que você escuta: "essa é minha esposa!", a primeira louça pra lavar, o primeiro beijo de boa noite...

Não tem como lembrar e não me emocionar. E também não tem como imaginar Deus fora de tudo isso. Houve momentos de tanta alegria que conseguimos sentir o *Inventor do Casamento* sorrindo com a gente e momentos de tanta tristeza que o sentimos chorando com a gente também. E procuraremos continuar assim: andando juntos em Seus caminhos.

FRANGO CROCANTE PERFEITO PARA RECÉM-CASADOS

- 4 filés grandes de frango (peito ou sobrecoxa)
- 1 xícara de queijo ralado parmesão
- 1 xícara de *corn flakes* (sem açúcar)
- 1 ovo
- Sal e pimenta a gosto

Pré-aqueça o forno. Tempere o frango com sal e pimenta. Bata o ovo em um potinho e mergulhe os filés nele. Faça uma mistura em outro recipiente com o queijo e o *corn flakes* (esmague-os um pouquinho com as mãos, levemente). Passe os filés nessa mistura e coloque-os em uma forma untada. Regue com um pouco de azeite e em forno médio por cerca de 40 minutos.

Hoje é dia de lembrar os grandes momentos de seu casamento. Agradeça ao Senhor pelo seu amado e pela história de vocês!

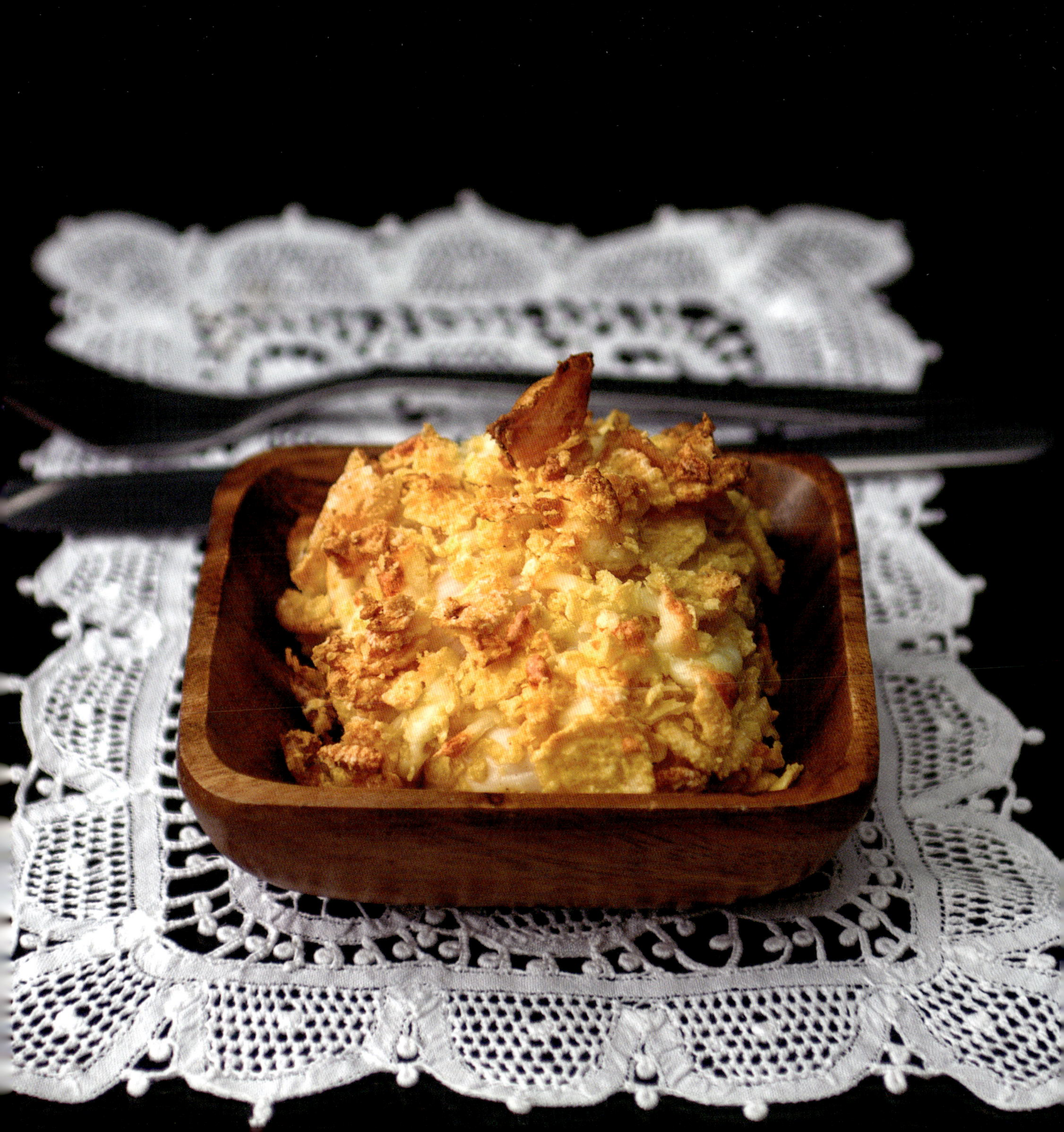

Suficiente

*Ao saltarem em terra, viram ali umas brasas e,
em cima, peixes; e havia também pão.*
—JOÃO 21:9

Com o passar dos anos, o peixe se tornou um dos símbolos do cristianismo. A palavra grega para peixe forma um acróstico que significa: Jesus Cristo Filho de Deus Salvador. Peixe na Bíblia simboliza e nos ensina outras coisas deliciosas. Peixinhos doados por um menininho desconhecido e cheio de fé foram multiplicados por Jesus, provendo alimento para uma multidão cansada e faminta. Esses peixes ensinam que *Ele é poderoso e provedor*. O mesmo Jesus prepara um almoço na areia da praia para Seus discípulos pescadores, que desanimados e desiludidos com a morte de Seu mestre, foram pescar. Mas Ele não estava mais morto e os discípulos ainda não sabiam disso. A figura de quando Pedro reconhece Jesus de longe, se joga do barco e começa a nadar em direção à praia pra encontrar Jesus, é linda! E começa o piquenique na praia, cheio de celebração! Esse único peixe na brasa ensina que *Ele está vivo e é suficiente...*

Por falar em peixe, vamos à receita. Agora, nada de grego. A receita é muito simples e fácil de fazer!

PEIXE ASSADO

- 4 filés de peixe fresco
- 4-6 batatas grandes cozidas e cortadas em rodelas
- 1 cebola e 1 pimentão cortados em rodelas
- Sal, pimenta, limão, laranja e ervas a gosto
- Azeite de oliva

Pré-aqueça o forno. Forre o fundo de uma forma pequena com as batatas, com as rodelas de cebola e o pimentão. Tempere e coloque os filés de peixe. Espalhe mais tempero, regue com suco de limão, laranja e azeite de oliva. Raspas da casca do limão e da laranja também são muito bem vindas! Leve ao forno já aquecido e asse por 40 minutos ou até dourar.

Agradeça ao Senhor pelo sustento e cuidado de cada dia.
Agradeça-o por sua presença ser mais do que suficiente para viver feliz.

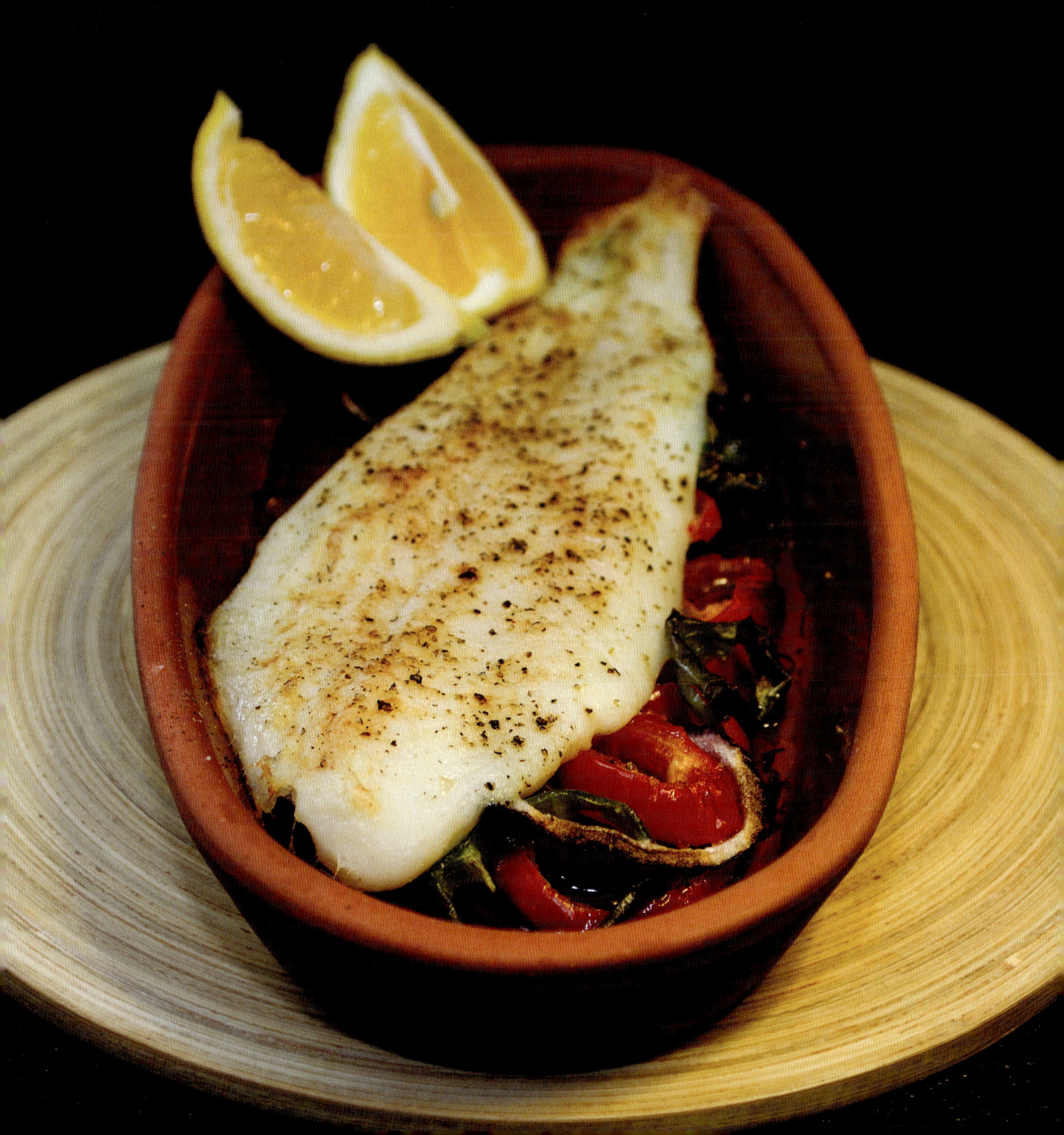

Espanto

*Mas ele lhes disse: Por que estais perturbados?
E por que sobem dúvidas ao vosso coração? Vede as minhas mãos e os meus pés,
que sou eu mesmo; apalpai-me e verificai, porque um espírito não tem carne nem ossos,
como vedes que eu tenho. Dizendo isto, mostrou-lhes as mãos e os pés.
E, por não acreditarem eles ainda, por causa da alegria, e estando admirados,
Jesus lhes disse: Tendes aqui alguma coisa que comer? Então, lhe apresentaram
um pedaço de peixe assado [e um favo de mel].* —LUCAS 24:38-42

Após algumas horas de dor e luto desolador, Jesus, que estava morto, aparece vivo àqueles que amava. Não podemos nos esquecer de que Ele está vivo. Não podemos deixar de perceber o coração ardendo quando Ele está por perto. E quando percebermos, não podemos duvidar de Sua presença bem ao nosso lado enquanto o buscamos em oração. Não devemos lamentar pelo caminho, porque Ele venceu a morte. Não precisamos de mais ninguém. Por intermédio dele, temos livre acesso aos lugares celestiais. Não precisamos de outro, porque Ele é a revelação máxima do Pai. Não precisamos de outra mensagem que não venha de Sua Palavra. Não precisamos correr nem nos desesperar porque Ele nunca vai deixar de ser assim tão... Deus. Jesus é o mesmo ontem, hoje e será eternamente. Morreu, mas agora Ele está vivo. As marcas em Seus pés e mãos já provaram isso. E o pedido de Jesus: "Tem uma comidinha aí?" também!

FILÉ DE PEIXE, MEL, ALHO-PORÓ E DAMASCO

- 6 filés de peixe
- 5 colheres (sopa) de alho-poró picado
- 1 dente de alho picado
- 1 cebola picada
- 1 colher (sopa) rasa de mel
- Caldo de legumes (2 cubinhos dissolvidos em 1 litro de água)
- 1 xícara de damascos picados
- Sal e pimenta a gosto

Refogue a cebola, o alho e o alho-poró no azeite. Adicione mel, o damasco e o caldo de legumes e deixe cozinhar até reduzir à metade. Tempere o peixe com sal e pimenta, coloque em uma forma, cubra com papel alumínio e leve ao forno médio por 30 minutos. Retire do forno e sirva com o molho. Delicioso!

Jesus está vivo! Aleluia! Louve e exalte ao Senhor!

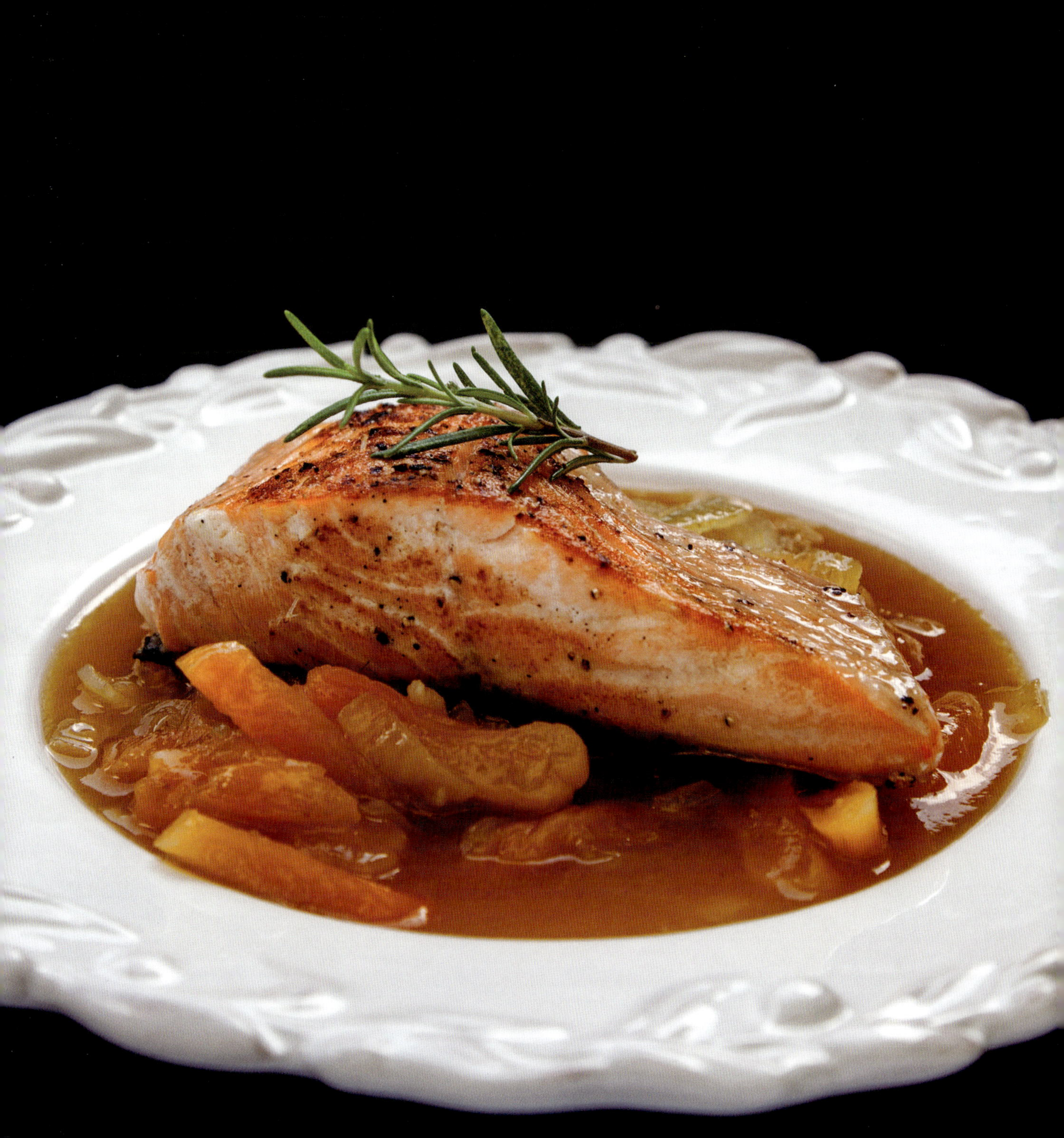

MOUSSE DE CHOCOLATE

MOUSSE DE QUALQUER FRUTA

MORANGOS E SUSPIROS

BOLO UM DE FUBÁ

BOLO DE LARANJA COM CASCA E TUDO

BOLO FÁCIL

CHOCOLATE CHIPS COOKIES

Doces momentos

Cordeirinho da Páscoa

Vocês foram libertados pelo precioso sangue de Cristo, que era como um cordeiro sem defeito nem mancha. —1 PEDRO 1:19 (NTLH)

Eu sempre acreditei nele. Mas não conseguia vê-lo. Não o compreendia muito bem, mas desejava seguir Suas pegadas. Na minha infância, aprendi que sempre que necessário poderia contar com Suas visitas e confiar que, mesmo enquanto eu estivesse dormindo, ele estaria ocupado trabalhando em meus presentes... E quando eu tinha oito anos, a gente finalmente se conheceu. Não esqueço a alegria que senti ao constatar que Ele realmente existia! Suas pegadas não eram patinhas falsas de trigo pelo chão, mas eram fortes, firmes e verdadeiras, marcando minha história. Passos de alguém que caminha ressurreto todos os dias ao meu lado. Suas visitas perfumaram e transformaram minha vida e ainda lembro bem do nosso primeiro encontro e de todos os outros encontros que tivemos. Nós nos encontramos até hoje! Todos os dias.

Mesmo enquanto estou dormindo, ele continua trabalhando para me surpreender a cada manhã com Seu amor, cuidado, carinho e graça. Sua doce presença é sempre muito mais confortante que uma cesta de chocolates. É tão bom segui-lo, ter certeza de Sua existência e viver para fazer com que Ele, Jesus, o *Cordeirinho da Páscoa*, seja cada vez mais conhecido.

MOUSSE DE CHOCOLATE

- 1 barra de chocolate amargo(180g)
- 40g de manteiga
- 40g de açúcar
- Claras de 4 de ovos
- 1 pitada de sal

Quebre o chocolate em pedaços ainda dentro da embalagem e coloque os pedacinhos em uma panela. Acrescente a manteiga cortada em pedaços, derreta tudo em banho-maria e misture bem. Bata as claras com uma pitada de sal até obter o ponto de neve. Acrescente o açúcar e bata até que fique firme. Adicione a clara em neve ao chocolate, misturando tudo delicadamente, sempre trazendo o talher em movimentos de fora para o centro da tigela. Coloque a mousse em uma travessa para servir depois de deixar resfriando por 3-4 horas. De lamber os dedos!

Temos liberdade e salvação em Cristo Jesus. Louve-o!

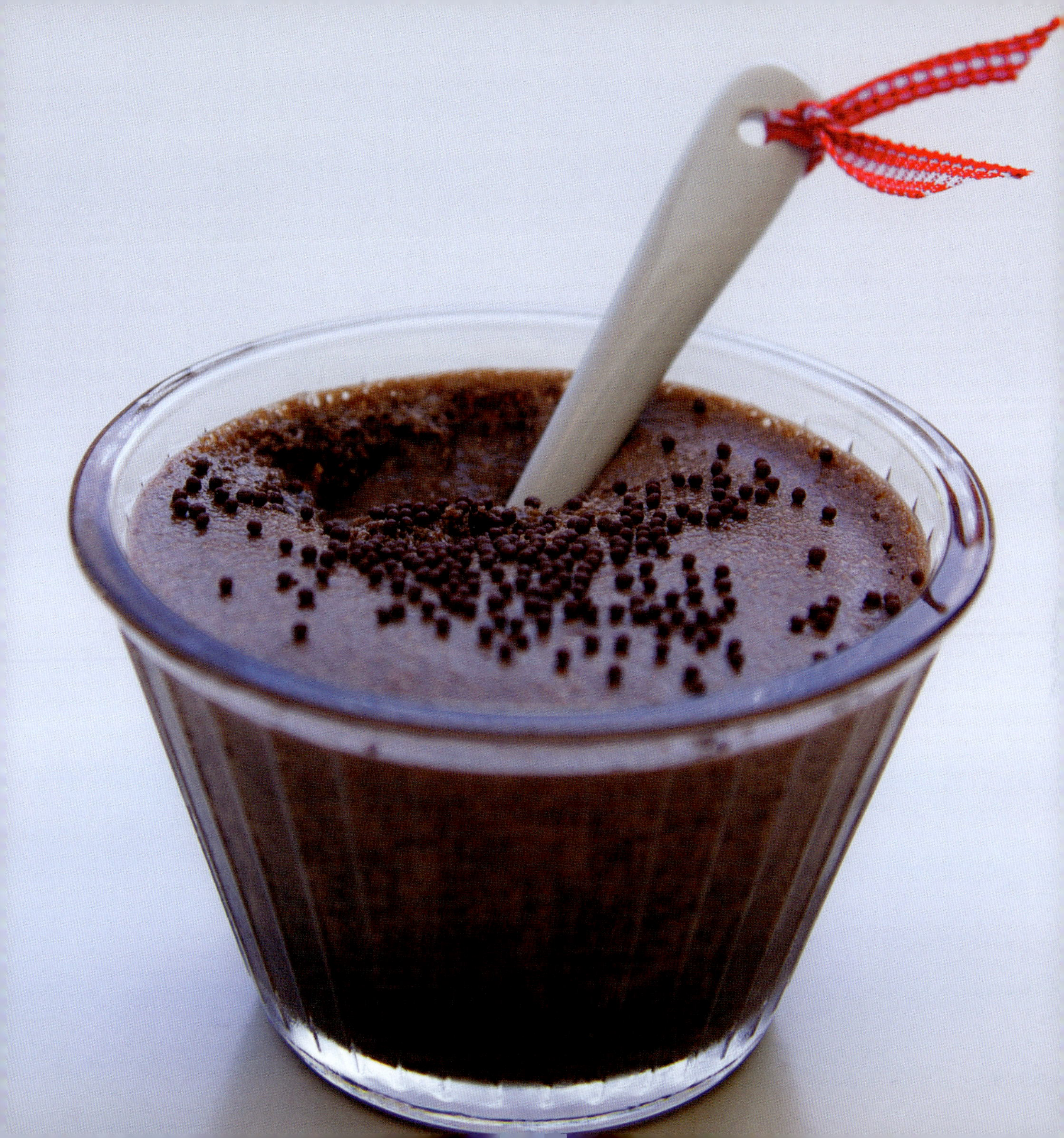

Você não precisa entender

Entrega o teu caminho ao Senhor; confia nele, e ele o fará.
—SALMO 37:5

Quando você viaja de avião, você não precisa saber como ele voa. Não precisa entender nadinha de *flap*, nem de turbina, nem de trem de pouso. Não precisa entender de gravidade, nem de despressurização, nem de fuselagem. Você entra no avião, encontra seu lugar, afivela os cintos e simplesmente *confia* que ele vai voar. Quando você acessa a internet pra checar seu *email*, você não precisa entender como tudo funciona. Não precisa entender de computação, nem de provedor, nem de banda larga. Não precisa entender de modem, nem de IP, nem de *wireless*. Você entra e navega. *Confia* que todas as informações chegaram e foram enviadas. Quando você liga a TV, você não precisa saber como ela funciona. Você aperta o botão do controle remoto e *confia* que vai funcionar. Quando você vai pra cama à noite, você não precisa entender como o sono funciona. Você se deita e *confia* que logo vai dormir. Quando você olha para o céu nublado, você não precisa se preocupar: a lua, as estrelas, o sol estão no mesmo lugar de sempre. Basta *confiar*.

Você não precisa entender quem é Deus. Não precisa conhecer detalhadamente cada plano que Ele tem pra sua vida, nem porque o tempo dele é diferente do seu ou permite certas coisas. Nem tampouco precisa entender o quanto Ele o ama. Você não precisa saber como Ele funciona. Somente confie.

Você também não precisa saber por que morango, creme de leite e suspiros podem ser tão deliciosos juntos...

SUSPIROS E MORANGOS

- 1 caixa de morango
- 1 pacote de suspiros
- 1 caixa de creme de leite

Lave bem os morangos e coloque-os cortados ou inteiros em uma tigelinha. Cubra com suspiros e regue-os com creme de leite. Deixe na geladeira por alguns minutos e sirva gelado! Essa sobremesa é fácil, rápida e deliciosa! Tente com outras frutas também!

Creia no Senhor de todo seu coração.
Declare com toda a confiança que sua vida está em Suas mãos.

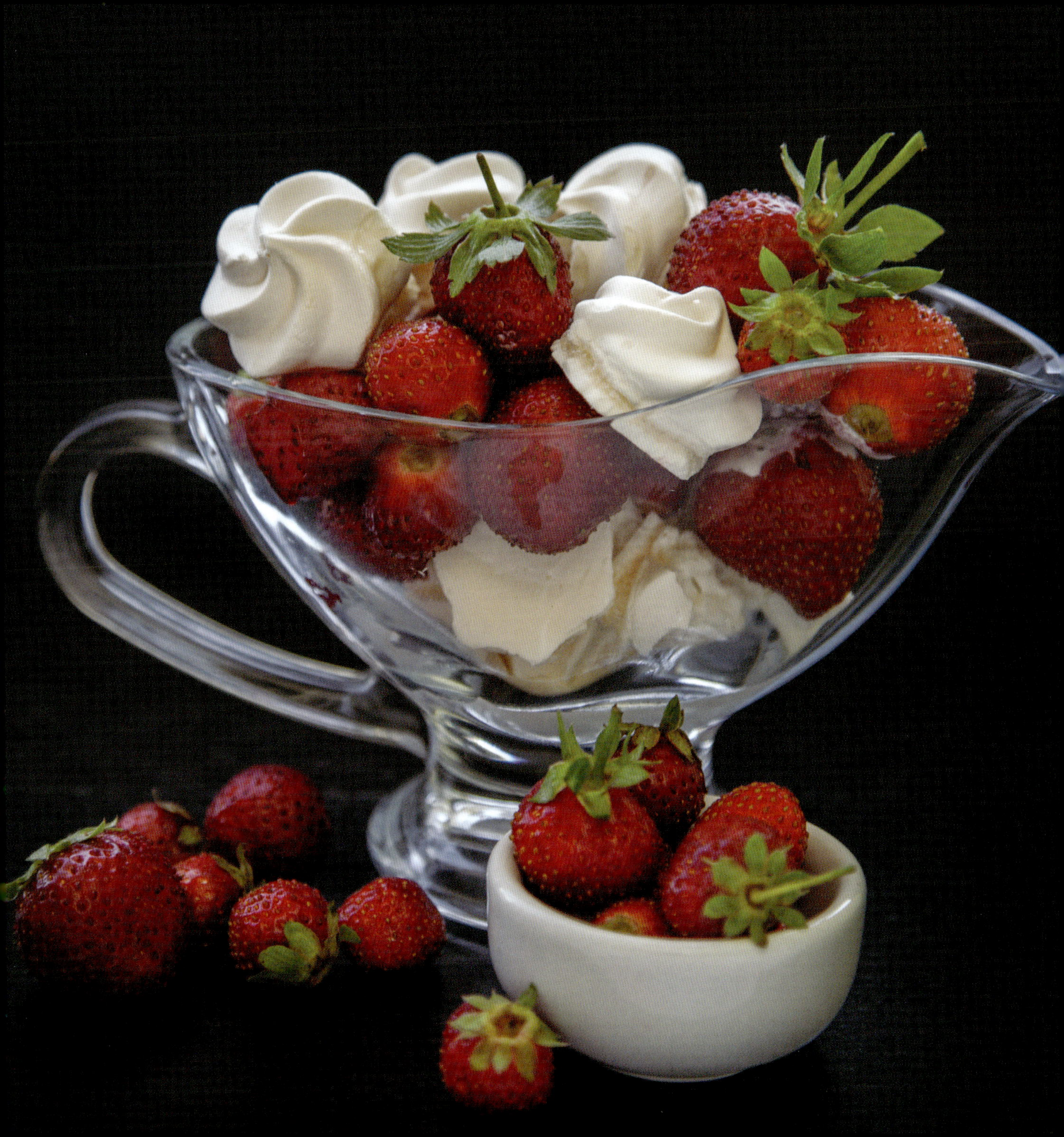

Quando a receita não dá certo

Estas coisas vos tenho dito para que tenhais paz em mim.
No mundo, passais por aflições; mas tende bom ânimo; eu venci o mundo.
—JOÃO 16:33

E quando a receita não dá certo? Frustração. Você sonhava com a vida maravilhosa de adulto: a casinha, a panelinha, a bonequinha, o carrinho, o trabalhinho, a escolinha. Aí você cresce e as coisas não são bem assim como você sonhou. Os pais se separam, o namorado é um traste, vem a doença, encontrar o primeiro emprego é tão difícil. Ou o casamento é um fardo, o dinheiro é pouco, a pessoa amada se vai, julgam e mentem sobre você. Ou ainda o banco toma de volta o que é dele, a droga entra na família, não ter um bebê em casa dói, a depressão consome, o amor acaba. O ladrão vem, mata, rouba e destrói.

Jesus não nos prometeu uma vida perfeita. Mas Ele prometeu que estaria conosco num mundo de aflições. Até o fim. Oramos pedindo que nos livre da carga ou que nos dê costas mais fortes. É difícil. É muito difícil. Mas só quem passa por situações assim tem o privilégio de Seu conforto e conhece intimamente um Deus que se importa, provê, sustenta, cura, conforta, supre e satisfaz. Só quem passa por situações assim sabe que Ele nunca vai embora, não mente e nem engana. Só Ele restaura, restitui e reconstrói. Esta receita de mousse não tem como dar errado. Saboreie e agradeça a Deus por lhe permitir lutar.

MOUSSE QUALQUER FRUTA

- 1 caixa de leite condensado
- 1 caixa de creme de leite
- 1 copo de iogurte natural
- 1 pacote de suco de fruta em pó

Bata o leite condensado, o creme de leite e o iogurte no liquidificador até que os ingredientes estejam bem misturados. Ainda com o liquidificador ligado, acrescente aos poucos o suco de fruta. Você vai perceber que a mistura irá engrossar. Deixe bater por alguns segundos. Despeje em uma tigelinha para sobremesa. Deixe na geladeira até gelar.

Ele pode renovar suas forças. Descanse por um momento no colo do Pai.

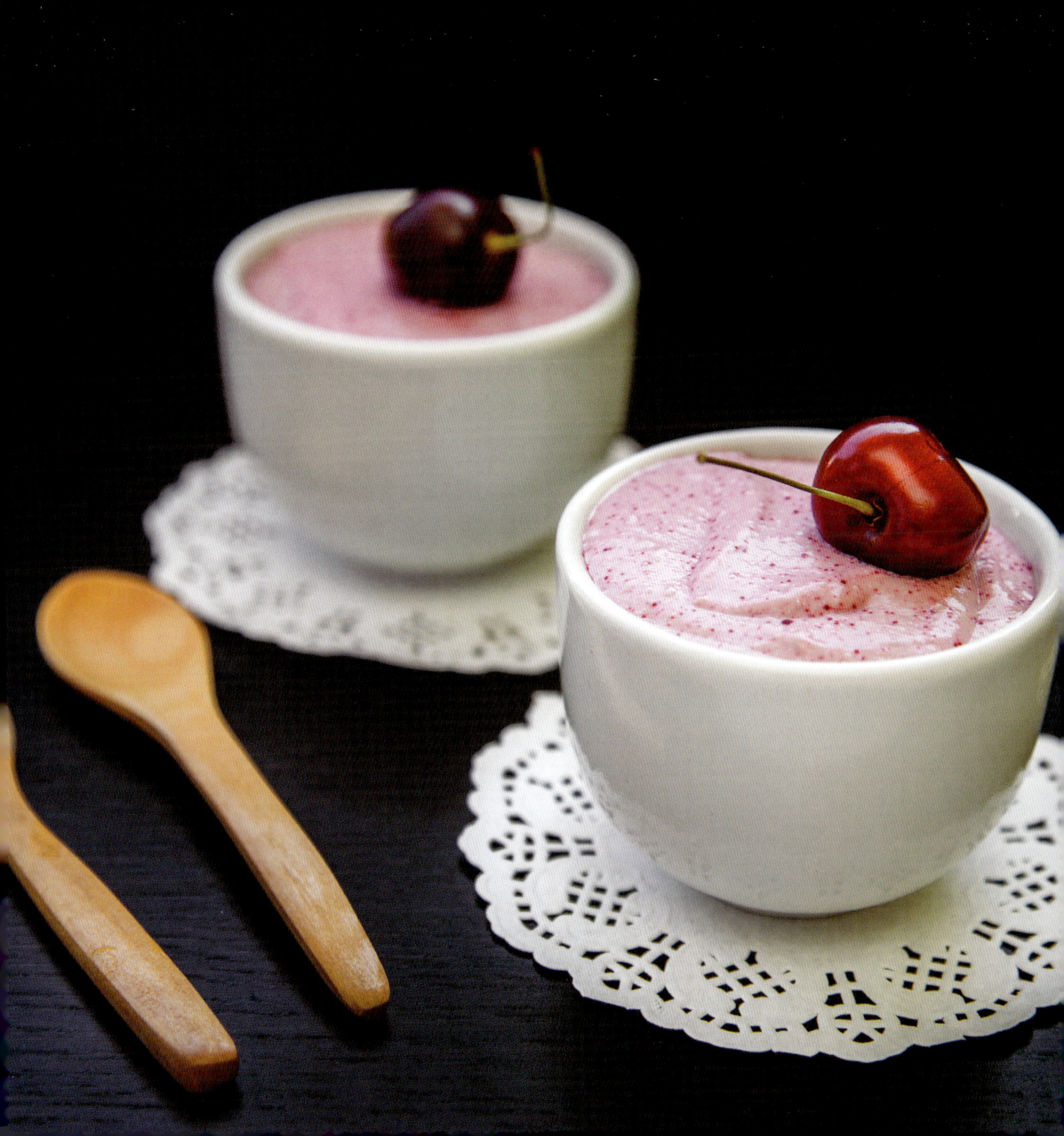

Número 1

> *...buscai, pois, em primeiro lugar, o seu reino e a sua justiça,*
> *e todas estas coisas vos serão acrescentadas.*
> —MATEUS 6:33

Vontade de recomeçar. As esperanças e sonhos nos motivam a reorganizar nossa prateleira de prioridades. E mais uma vez investimos tempo pensando por onde começar. Com o espanador em uma das mãos, suba em um banquinho e alcance o lugar mais alto da estante. É essa prateleira, a primeira, a principal, que sustentará as coisas mais importantes. Sugiro Deus como item número um. Ele e Seu Filho. Jesus disse que Ele e o Pai são um, e que sem Ele, nada poderíamos fazer. Buscando a Deus em primeiro lugar seremos abastecidos com aquilo que realmente precisamos. Ele mesmo completará o restante de nossa estante com o essencial. E assim, não precisaremos de mais estantes, guarda-roupas, caixas, gavetas, armários, baús, cômodas e despensas entulhadas de coisas que não precisamos, deixando o coração pesado, socado, empoeirado e difícil de limpar.

Prioridades básicas: Deus é um só e deve estar em primeiro lugar. Nada melhor do que a vida em ordem. Nada melhor do que recomeçar. E depois da faxina, no final da tarde, nada melhor do que um cafezinho com bolo pra relaxar...

BOLO UM DE FUBÁ

- 1 ovo
- 1 xícara de óleo
- 1 xícara de leite
- 1 xícara de fubá
- 1 xícara de açúcar
- 1 xícara de trigo
- 1 colher (sopa) de fermento

Pré-aqueça o forno e unte a forma. Faça duas misturas: a mistura dos ingredientes secos e a dos ingredientes líquidos. Vá acrescentando aos poucos os ingredientes secos aos líquidos e misture-os bem. Coloque a massa na forma, leve ao forno baixo médio por cerca de 30 minutos. Saborear quentinho com geleia de frutas é uma boa opção!

Deixe Jesus Cristo no primeiro lugar de sua vida.
Entregue o seu caminho, os seus sonhos e desejos em oração.

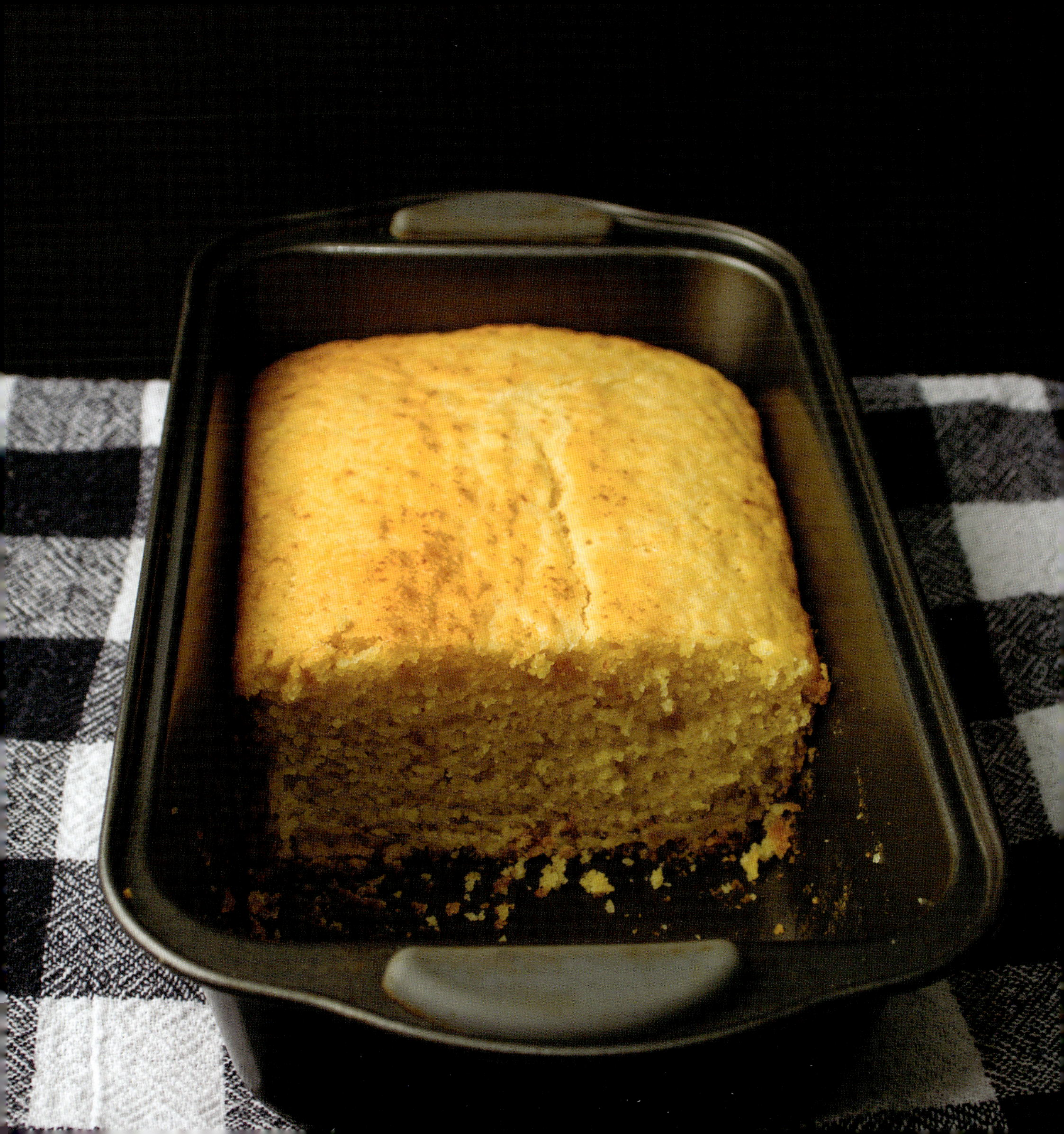

Caos

Sabemos que Deus age em todas as coisas para o bem daqueles que o amam, dos que foram chamados de acordo com o seu propósito.
—ROMANOS 8:28 (NVI)

Essa é a história de uma vida. Que poderia ser a minha ou a sua. Incertezas e indefinições corroem o ânimo de qualquer um. Em algum momento ficamos tão cansados que não encontramos forças para novas superações. O desespero e o pânico de encarar uma cena sem saída se tornou a pior das realidades. E então tivemos a percepção de que o caos chegou e se instalou em nossas vidas. Mas Deus sempre provou que qualquer história como a nossa poderia ter um final diferente. Que há propósito para todas as coisas e em todas as coisas. Porque Ele nos ama. Ele não nos criou, deu-nos corda e nos abandonou. Ele está no controle de tudo. Ele pode transformar o caos em algo lindo, emocionante, perfeito e surpreendente. Não pare de olhar para Ele.

Acho que é totalmente aceitável e humano o sentimento de estar dentro de um enorme liquidificador divino, mas confie e espere! Nas mãos de Jesus nossa vida pode se tornar deliciosa como um bolo feito de laranjas trituradas com casca e tudo…

BOLO DE LARANJA COM CASCA E TUDO

- 3 laranjas
- 3 ovos
- 1 1/2 xícara de óleo
- 3 xícaras de açúcar
- 3 xícaras de trigo
- 2 colheres de sopa de fermento

Pré-aqueça o forno. Retire as duas pontas e as sementes das laranjas, jogue no liquidificador junto com os ovos e o óleo e bata em velocidade máxima até ficar cremoso. Em um recipiente coloque os ingredientes secos e misture. Coloque na mistura seca o conteúdo do liquidificador, misture, coloque em uma forma untada e asse em forno médio por aproximadamente 30 minutos.

Sugestão de cobertura: 2 colheres de sopa de açúcar de confeiteiro, 1/2 colher de chá de essência de baunilha e 3-6 colheres de sopa de suco de laranja. Misture e coloque sobre o bolo desenformado e decore como quiser!

Deixe o Senhor da vida cuidar de você. Louve-o pela sua sabedoria e misericórdia sem fim. Ele sabe o que faz.

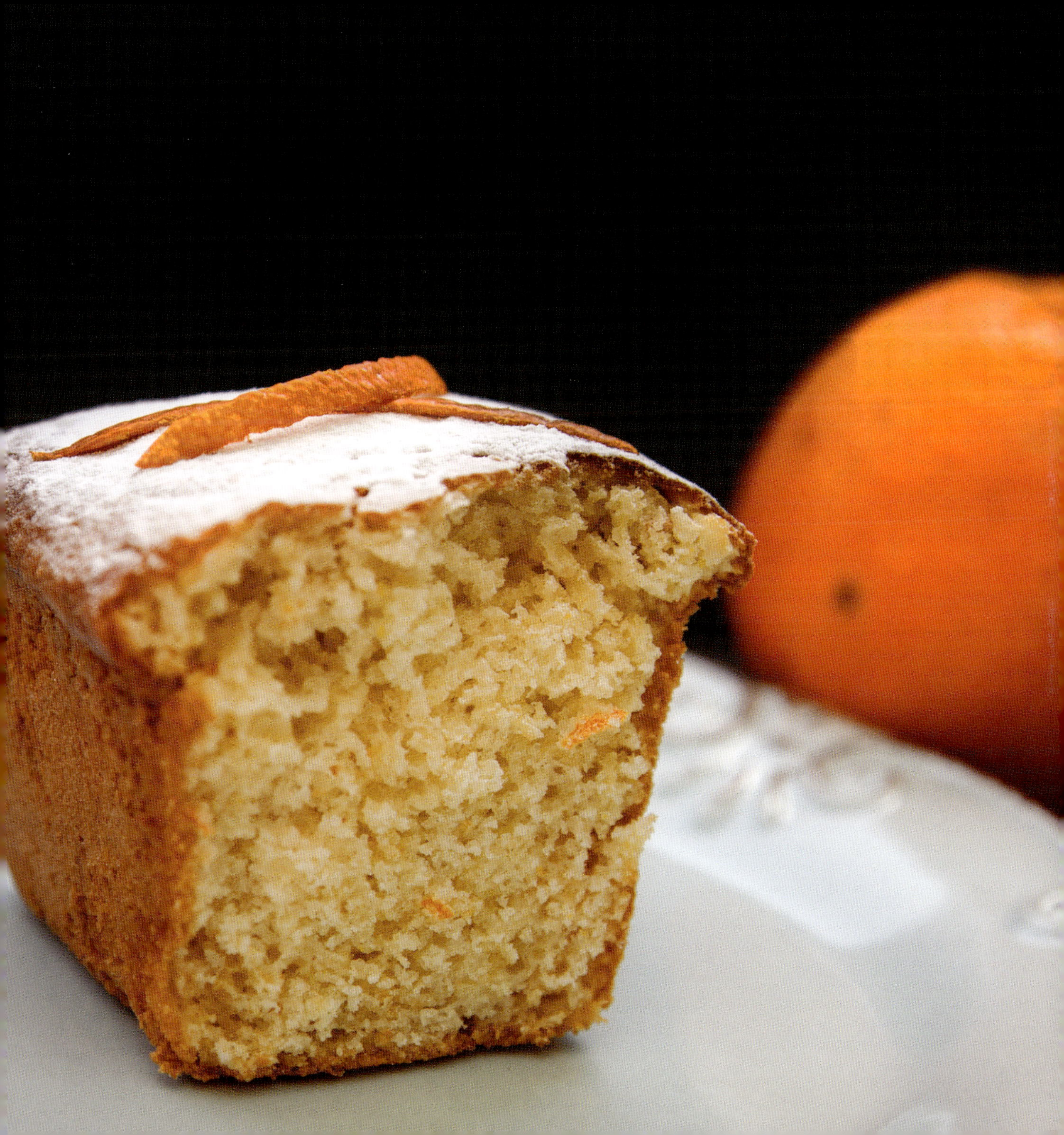

Medo de bolo

> *Mas Jesus imediatamente lhes disse:*
> *"Coragem! Sou eu. Não tenham medo!"*
> —MATEUS 14:27: (NVI)

Medo de errar. Medo de falar em público. Medo de sapo. Medo de perder o emprego ou a mala no aeroporto. Medo de encontrar o produto comprado mais barato em outro lugar. Medo de estar só. Medo de altura. Medo do escuro. Medo de dirigir. Medo do chefe. Medo de hospital. Medo do novo. Medo de sonhar e não realizar. Medo da dor. Medo da morte. Medo de viver. Todo medo é adquirido com o tempo e por alguma razão. Não é nada agradável senti-lo. Mas Deus não o criou para viver assim. Todos os medos terminam quando Jesus chega e começa a arrancá-los um por um.

Quando Jesus chega em nossas vidas, encontramos sentido, ainda que o medo insista em nos paralisar. Entregue seus medos a Ele, descanse em Seus braços e durma melhor. Viva melhor. Ele o ama e no amor não há medo.

BOLO FÁCIL

- 1 1/2 xícara de trigo
- 3 colheres de chá de fermento
- 1/4 colher de chá de sal
- 3/4 xícara de açúcar
- 1/4 xícara de óleo
- 1 ovo
- 1/2 xícara de leite

Misture os ingredientes secos separados dos líquidos. Acrescente lentamente a mistura dos ingredientes secos à mistura dos ingredientes líquidos enquanto mistura bem. Coloque em uma forma pequena. Cubra com frutas ou castanhas e farofinha doce. Asse por cerca de 20-25 minutos em forno médio pré-aquecido.

Farofa doce: 1/2 xícara de trigo, 1/2 xícara de açúcar, 1/2 xícara manteiga e canela (opcional). Misture tudo esfarelando com os dedos, até formar uma farofinha!

Liste seus medos e os entregue agora mesmo ao Senhor.
Sinta o Seu amor invadindo seu coração e ore por proteção.
O nosso Deus é grande e é torre forte na tribulação.

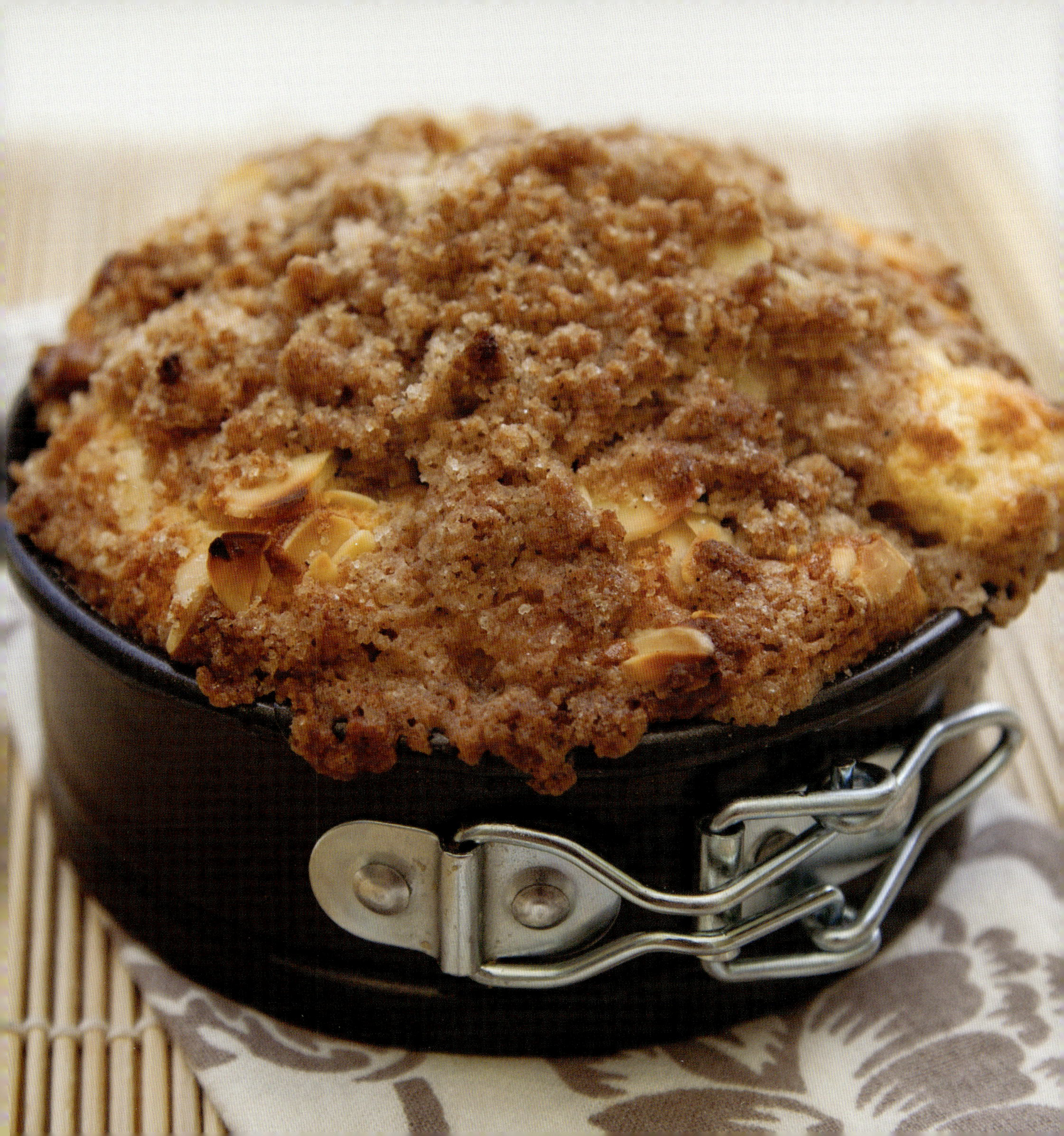

Tão bom quanto chocolate

Não procure ficar bonita usando enfeites, penteados exagerados, joias ou vestidos caros. Pelo contrário, a beleza [...] deve estar no coração, pois ela não se perde; ela é a beleza de um espírito calmo e delicado, que tem muito valor para Deus.
—1 PEDRO 3:3-4 (NTLH)

A fé foi transformada em ação quando uma mulher agarrou a roupa de Jesus esperando ser curada por Ele. *Talvez ela tenha pensado que a pureza de Sua veste a purificaria.* Além da expectativa de ser curada do insistente fluxo de sangue que durava 12 anos, ela queria se sentir linda novamente. E Jesus sabia disso. E em compaixão a atendeu. Somente três versículos de Mateus 9 bastam pra entendermos o quanto Jesus se importa com as mulheres. Esqueça os discursos feministas e as cenas de novela que tentam nos convencer que tudo deve ser diferente. Agarre-se às vestes de Jesus com toda a sua força e aprenda com Ele sobre o seu valor.

Devemos lutar pelos nossos direitos e sonhos, mas nunca abandonar a feminilidade, a delicadeza, a coragem, o espírito calmo, manso e tranquilo. Nem abandonar a culinária, os vasos de flor, os filmes românticos e o chocolate. Como é bom ser mulher!

CHOCOLATE CHIPS COOKIES

- 2 1/4 xícaras de trigo
- 1 colher de chá de bicarbonato de sódio
- 1 colher de chá de sal
- 1 xícara de manteiga amolecida
- 3/4 xícaras de açúcar
- 3/4 xícaras de açúcar mascavo
- 1 colher de chá de essência de baunilha
- 2 ovos
- 1 xícara de chocolate picado ou de gotas de chocolate

Pré-aqueça o forno em 180°C. Misture o trigo, o bicarbonato e o sal em uma tigela. Bata a manteiga com o açúcar, o açúcar mascavo e a baunilha até ficar bem cremoso. Adicione os ovos, um de cada vez, mexendo bem. Vá acrescentando a mistura de ingredientes secos e o chocolate. Forre uma forma com papel-manteiga e coloque colheradas da massa espalhadas pela forma. Asse por cerca de 9 minutos, retire e deixe cada biscoito esfriar sobre papel toalha. Divino!

Louve ao Senhor pela beleza de ser mulher. Agradeça e busque-o para ser uma mulher segundo o coração do Amado.

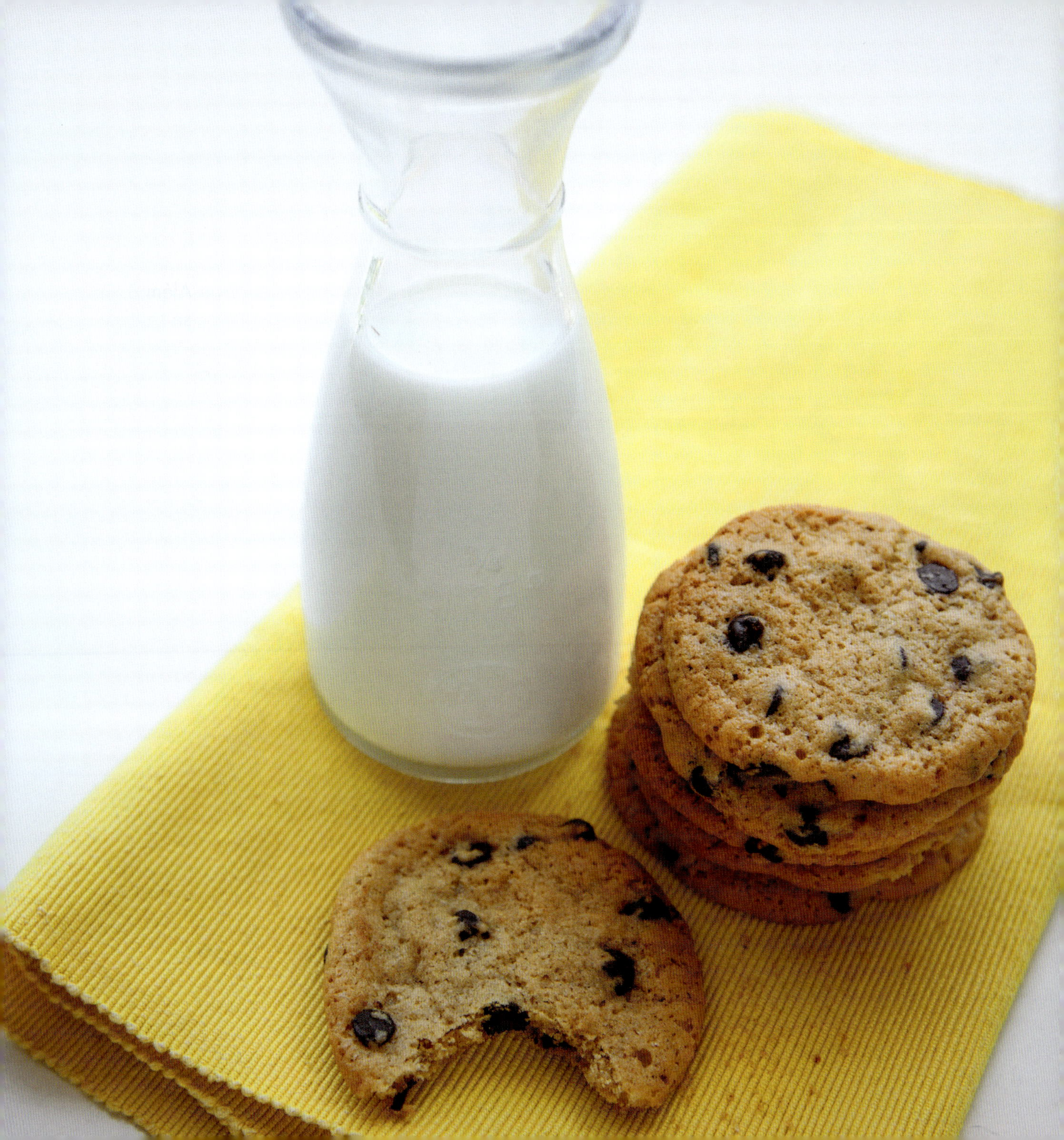

180 GRAUS — Cozinhar é fácil, demonstrar amor também
© 2014 por Cristina Girardi Schatzmann
Revisado e editado por Publicações Pão Diário sob acordo especial com Cristina Girardi Schatzmann

Edição e coordenação editorial: Rita Rosário
Revisão: Daniela Mallmann, Thaís Soler
Diagramação: Audrey Novac Ribeiro
Fotos © Fernando Schatzmann (www.fschatz.com)

Dados Internacionais de catalogação na Publicação (CIP)

Schatzmann, Cristina Girardi
180 GRAUS — Cozinhar é fácil, demonstrar amor também

1. Vida Cristã   2. Fé   3. Reflexões   4. Gastronomia

Proibida a reprodução total ou parcial, sem prévia autorização, por escrito, da editora.

Todos os direitos reservados e protegidos pela Lei 9.610 de 19/02/1998.

Exceto quando indicado no texto, os trechos bíblicos são da edição Revista e atualizada de João F. de Almeida © 1993 Sociedade Bíblica do Brasil

Publicações Pão Diário
Caixa Postal 4190, 82501-970
Curitiba/PR, Brasil
publicacoes@paodiario.org
www.publicacoespaodiario.com.br
Telefone: (41) 3257-4028

Código: NC025
ISBN: 978-1-60485-921-8

1ª edição: 2014 • 2ª impressão: 2017

Impresso na China

www.menu180graus.com